suhrkamp taschenbuch 4223

Sind Sie sich selber ein Freund? In seinem berühmten Fragebogen wie auch in anderen Texten spürt Max Frisch dem Wesen nach, das eine Freundschaft ausmacht. Einmal mehr verführt er auch seine Leser durch ungewöhnlich persönliche Fragen zu ungewöhnlich ehrlichen Antworten.

Margit Unser, 1956 in Walldorf bei Heidelberg geboren, studierte Geschichte, Philosophie und Pädagogik in Mainz. Sie ist seit Juli 2008 Leiterin des Max Frisch-Archivs in Zürich, wo sie auch lebt.

Max Frisch
Sind Sie sich selber ein Freund?

Herausgegeben von Margit Unser

Suhrkamp

suhrkamp taschenbuch 4223
Erste Auflage 2011
Suhrkamp Taschenbuch Verlag

Druck und Bindung: Kösel, Krugzell
Printed in Germany
Einbandgestaltung: Göllner, Michels
ISBN 978-3-518- 46223-2

1 2 3 4 5 6 – 16 15 14 13 12 11

Sind Sie sich selber
ein Freund?

»Ich bin glücklich«, sage ich, nachdem ich die Zigarre ein zweites Mal angezündet habe, »daß Sie mir Ihre Freundschaft schenken. Ich habe hier keine Freunde. Aber wenn es Ihr Ernst ist, daß Sie nicht mein Staatsanwalt sein wollen, und ich glaube es Ihnen von Herzen – Rolf … aber dann, sehen Sie, darf ich auch von Ihnen erwarten, was man von einem Freund erwarten muß: daß Sie mir glauben, was ich nicht erklären, geschweige denn beweisen kann. Nur darauf kommt es jetzt an. Wenn Sie mein Freund sind, dann müssen Sie auch meinen Engel in Kauf nehmen.«

»Wie meinen Sie das?«

»Sie müssen es glauben können, daß ich nicht der Mensch bin, wofür man mich hält und wofür auch Sie als Staatsanwalt mich halten – Ich bin nicht Stiller«, sage ich weiß Gott nicht zum erstenmal, aber zum erstenmal mit der Hoffnung, daß einer es hört, »ich bin es nicht, ganz im Ernst, und ich kann kein Geständnis machen, das mein Engel mir verboten hat.«

Stiller, S. 649

Ein Freund, ein verehrter, schreibt:
»Ich kann nicht verschweigen, daß ich dieses gewaltsame Offenhalten von Wunden, zu dem Du Dich wie so viele andere offenbar verpflichtet fühlst, für ein eigentliches Unglück halte.«
Ich halte für ein eigentliches Unglück: das Verbinden von Wunden, die noch voll Eiter sind – und sie sind voll Eiter – das Vergessen der Dinge, die nicht durchschaut, nicht begriffen, nicht überwunden und daher nicht vergangen sind.
Aber sind auf meiner Seite so viele?

TB1, S. 268

Timon von Athen hat eines Tages, um die Freundschaft seiner Freunde zu prüfen, nur Schüsseln voll Wasser aufgetischt; er erfuhr dabei, was er eigentlich schon wußte, und gab sich bitter vor Enttäuschung über die Menschen, denn siehe, sie kamen immer nur seines Reichtums wegen und waren keine wahren Freunde. Finden Sie seine großen Flüche über die andern berechtigt? Offenbar hatte der reiche Timon von Athen gemeint, Freundschaft kaufen zu können.

TB2, S. 1376

Freunde und Fremde (1932)

Das war in diesem Herbst.
Wir steigen über Gletscher, drei gleichjunge Leute, und wir sind verbunden in einem Seil. Das Licht ist heiß, das an diesen weißen Hängen verdoppelt wird, und brennt in unsere überfetteten Gesichter. Ich stochere von Spalte zu Spalte, überbrücke Schrund um Schrund, setze Tritt vor Tritt. Langsam und mühsam. Und kaum, daß ich je zurückblicke. Aber ich weiß: Meine beiden Freunde folgen und tuen immer das gleiche, Fußloch um Fußloch. Ich werde nicht müde, und es wird mir nicht langweilig. Denn ich spüre das Seil um die Brust. Ich spüre, wie es die Nachfolgenden straffen. Ich spüre immer meine zwei Freunde.
Dreitausendneunhundert.
Ich kenne diese Gegend von manchen Jahren her. Ich finde sie schön und liebe sie.
Dann Viertausend. Noch eine Stunde bis zum Gipfel, und bis zu jener hohen und weiten Schau. Schon unten in der Stadt habe ich ihnen erzählt von dieser Schönheit. Schon vor zwei Monaten. Und jetzt noch eine Stunde. Und jetzt bilde ich mir augenblicklich vielleicht ein, daß man ein einziges Herzhämmern hört durch das Seil, das unsere drei Brustkörbe umgreift.
Eine eigentümliche Spannung zwischen diesem

Wunsch, daß man schon oben stände, und jenem andern Wunsch, daß man diesen letzten Gipfelgrat nie erreichen würde. Daß die Zeit stehen bliebe und wir fortsteigen würden, ohne unser Ziel innerhalb dieser Endlichkeit zu erlangen. Daß man dauernd in einer selben Spur ginge und vor sich immer eine gemeinsame Erwartung hätte. Mir kommt hier nicht vor, als wären wir drei Leute mit drei Köpfen, sondern eine Hoffnung mit sechs Füßen. Hoffnung auf eine starke Schönheit. Und so fange ich jetzt fast an, diesen Gipfelgrat da oben zu fürchten, dessen Eislinie mit jeder Stufe größer wird und schwungvoller. Weil er unsere Sehnsucht stillen wird und weil dann neue Sehnsüchte aufgehen, die jeden wieder anderswohin ziehen. Man möchte diese Hoffnung vielleicht lieber nicht einlösen und die Ruhe und die Gewißheit bewahren dürfen, daß man jetzt nahe unter einem gemeinsam ersehnten Ziel ist.

Und nun stehe ich oben. Und ich ziehe das Seil um meinen Pickel, bis wir alle drei oben stehen. Unser Blick taumelt hinunter ins Nikolaital und tastet sich an jenseitigen Schneewellen und Felsrippen wieder himmelhoch. Meine armen Augen: sie wissen nicht, wo sie anfangen sollen, und sind einmal wirr und einmal starr.

»Hier, das ist der Dom!«

Ich schreie es, denn der Wind fetzt einem die Stimme

von den Lippen weg. Und mein Mund weiß auch nicht, wo er anfangen soll, und lacht und sagt: Monte Rosa und Matterhorn und Weißhorn und Gabelhorn und Rothorn … Der eine blickt immer auf meinen Mund, dessen Lachen hastig ist, als wäre ich ein Kind unter dem Christbaum. Ich spüre es, wie er auf mein Lachen blickt. Ich spüre es, daß er in diesem Augenblick vielleicht etwas anderes denkt als ich. Aber was denn? Was läßt sich hier anderes denken? Und ich zeige weiter und weiter wie dieses Kind, das den Geschwistern seine Christgeschenke auslegt.
Bis mich dieser unterbricht:
»Du. Weißt du, Max: Hier ist dir eine Zahnplombe weg.«

Warum hat euch all das gar keinen Eindruck gemacht? Aber ich wage sie nicht zu fragen. Im Abstieg bin ich nun hinten.
Schweigend. Eigentlich haben wir auch im Aufstieg geschwiegen. Aber anders, scheint mir. All diese Eisstürze und Felstürme kenne ich schon von manchen Jahren her. Ich finde sie schön und liebe sie. Ich habe sie schon früher begangen – –
Hier mag mein Irrtum sein: ich habe hier einmal Schönheiten empfangen, die vorüber sind, und habe hier Leute begleitet, die für mich ebenso vergangen sind; und so sind mir diese toten Schneeströme

und diese toten Felssäulen wie Denkmäler geworden, versteinerte Erinnerungen an lebendige Tage und lebendige Menschen. Vielleicht eine Täuschung, wenn ich diese Schneelinien und diese Steinformen liebe. Mag sein: es ist die Schönheit jener Tage und die Liebe zu jenen Leuten, was ich in dieses Bergtal überdichte, das an sich wohl gar nicht schön und gar nicht liebbar ist.
Ist es das?

Die Moräne ist erreicht. Wir stehen. Und dann schnallt man sich die Steigeisen von den Schuhen.
Wortlos.
Dieses Schweigen ist nicht Ruhe, sondern Spannung: jeder denkt jetzt irgendwie über diesen Tag, indem er die Schlaufe von der Brust streift und sich aus dem Seil löst. Das ist zweifellos. Aber jeder denkt jetzt irgend etwas anderes. Und keiner von uns weiß mehr, was der andere denkt. Und jeder von uns hütet seine Blicke, wie die Angler ihre Ruten hüten, damit sie sich nicht verfangen in diejenigen der anderen.
Bis einem die Steigeisen aus der Hand fallen und über die Steinplatten rutschen. Ein markdurchkratzendes Klirren. Das schlägt eine Bresche in dieses starrpanzerige Schweigen. Und ich will es weiter durchschlagen und sage kräftig: So!
Mehr kommt nicht.

Jeder sagt: So!
Und darauf geht es die Moränenblöcke hinunter. Jeder seinen Weg und jeder wieder eingepanzert in seine Wortlosigkeit.

Schon die vorhergehende Nacht waren wir ganz allein in dieser Hütte. Und jetzt wieder. Gestern fanden wir ein Spiel, das weder Licht noch Karten noch Figuren heischte: man sagte sich aus dem Gedächtnis kleinere und größere Prosastücke, und die andern mußten wittern, aus welchem Kopf sie wohl stammen könnten. Das ging bis tief in die Nacht. Von Lessing bis Schnitzler ...
Heute geht es nicht.
Einer wäscht Tassen. Ich spalte unsinnig viel Holz. Einer trocknet Teller und pfeift dazu. Wie wenn ein Junge im Keller ist und Angst leidet und singt oder pfeift.
Und endlich greifen wir zur Petrollampe für den Schlafraum. Ich behandle den Docht mit meinem Taschenmesser, sehr lange, während die andern in der Türe lehnen. Jetzt sagt einer:
»Es tut uns selber leid, Max.«
»Was?«
»Ich meine nur so. Wegen heute. Wir haben dich doch schmerzlich enttäuscht. Oben auf dem Gipfel. Nicht?«

Ich fingere am Docht herum.
»Du hast diese ganze Tour eingefädelt. Du hast uns eine große Freude damit machen wollen. Denk ich. So eine gemeinsame Freude.«
Das sticht, wenn der andere eine Absicht derart bewußt ausspricht, die man tatsächlich gehabt hat, aber unbewußter: daß wir verwachsen unter dem starken Eindruck dieser Tour, daß wir Freunde werden im gemeinsamen Erlebnis einer großen Schönheit. Das sticht einfach, dieses Gesehenwerden, das heller ist, als man sich selber sah.
»Das war wohl von Anfang an dein Wunsch. Oder nicht?«
Und ich spreche mein Ja in einem Ton, als stände ich vor dem Gericht und wäre überliefert. Ich schäme mich auf einmal vor diesen zwei Menschen, die ich mit so errechneter Planhaftigkeit erobern wollte. Mein Wunsch nach ihrer Freundschaft steht jetzt so nackt und ausgeliefert vor ihnen, wie ein Liebesgeständiger nicht lächerlicher vor einer Frau stehen kann, die mitleidig die Achseln zuckt. Schamqual: man hat verloren in einem Tauschhandel, wo man in der Rechten eine Münze hingab und in der Linken nichts zurückerhielt. Ich möchte ins Kamin verrauchen vor meinen zwei einstigen Mitschülern. Ich möchte heute abgestürzt sein mit euch … ich möchte …
»Das wirst du uns nicht weiter übelnehmen«, sagt der

andere von ihnen, »daß uns die Aussicht droben so großartig kalt gelassen hat. Du mußt das verstehen, Max: wenn ich so den ganzen Aufstieg spüre, wie einer wartet darauf, daß ich oben aufjauchze – Mensch, man läßt sich nun einmal nicht zu einer Freude zwingen.«
»Zwingen?« Indem ich kleinlaut frage, gebe ich meinen Blick dem Dritten. Und dieser Dritte antwortet mir, indem er seinen Blick dem Zweiten gibt:
»Du hast uns in dieses Erlebnis zwingen wollen. Das scheint mir auch so.«
»Na ja. Du hattest eben den festen Willen, uns in dieser Tour zu erobern. Das ist ja nichts Böses, aber – Na ja. Das ist sogar sehr schön. Du mußt uns verzeihen, daß die Freude nicht gemeinsam war. Wie gesagt: man läßt sich nun einmal nicht zwingen zu einer Freude.«
»Daß wir drei heute nicht Freunde geworden sind, wie du gewollt hast, Max, das ist deine eigenste Schuld.«
»Na ja«, sagte jener wieder. »Gehen wir jetzt hinüber.«
Aber wir gehen nicht. Die beiden sitzen auf der Wandbank und ich sitze auf einem Stuhl. Vielleicht ist das immer so, wenn drei Leute zusammen sind: es sind nie drei, sondern immer zwei und einer. Ich blicke unter den Herd, wo meine Fußspitze hundert

kleine Ellipsen kratzt. Aber ich sehe sie auch so immer, diese beiden einstigen Mitschüler, die im Schein der Petroleumfunzel schweigen an der Wand und die heute abend Freunde geworden sind im gemeinsamen Erlebnis: sie haben zusammen einen Dritten beschämend tief durchblickt. JA, S. 60-64

Ich hatte männliche Freunde, nicht viele, den einen und andern; das war Freundschaft, doch keine Täuschung über unser Alleinsein als einzelne. Oft habe ich an ferne Freunde gedacht, neugierig auf ihre Gedanken oder froh um ihren Widerspruch oder auch in schmerzlichem Zerwürfnis; in den Stunden des Grauens aber, in den Stunden meiner Unfähigkeit, allein zu sein, war es stets nur ein Weib, Erinnerung oder Hoffnung um ein Weib, womit ich meinem Alleinsein entschlüpfte. Stiller, S. 634

Freundschaften gibt es, die jahrelang darauf bestanden haben, daß man sich von dem andern bewundert wähnte, eine Art von Versicherung, die man wiederum mit Bewunderung zahlte: ein offenes Wort, und weg ist sie. Und Marion ist an allem schuld; denn alles, was man in Wahrheit sagt, hat Folgen.
Auch gute vielleicht – TB1, S. 15f.

Hutlos im Regen allein, nachdem er die Einladung einer Straßendame höflich ausgeschlagen hatte, entdeckte er, daß er die wenigen Menschen, die nach diesem Tag noch als Freunde in Frage kämen, seit Jahr und Tag vernachlässigt hatte, und es ging nicht, daß man sie jetzt, kurz nach Mitternacht, heimsuchte wie ein Geist aus dem Grabe. Vielleicht hätte der eine oder andere sich gefreut. Er gedachte ihrer mit Reue.

Gantenbein, S. 1105

Man kann alles erzählen, nur nicht sein wirkliches Leben; – diese Unmöglichkeit ist es, was uns verurteilt zu bleiben, wie unsere Gefährten uns sehen und spiegeln, sie, die vorgeben, mich zu kennen, sie, die sich als meine Freunde bezeichnen und nimmer gestatten, daß ich mich wandle, und jedes Wunder (was ich nicht erzählen kann, das Unaussprechliche, was ich nicht beweisen kann) zuschanden machen – nur um sagen zu können: »Ich kenne dich.«

Stiller, S. 408

In gewissem Grad sind wir wirklich das Wesen, das die andern in uns hineinsehen, Freunde wie Feinde. Und umgekehrt! auch wir sind die Verfasser der andern; wir sind auf eine heimliche und unentrinnbare

Weise verantwortlich für das Gesicht, das sie uns zeigen, verantwortlich nicht für ihre Anlage, aber für die Ausschöpfung dieser Anlage. Wir sind es, die dem Freunde, dessen Erstarrtsein uns bemüht, im Wege stehen, und zwar dadurch, daß unsere Meinung, er sei erstarrt, ein weiteres Glied in jener Kette ist, die ihn fesselt und langsam erwürgt. Wir wünschen ihm, daß er sich wandle, o ja, wir wünschen es ganzen Völkern! Aber darum sind wir noch lange nicht bereit, unsere Vorstellung von ihnen aufzugeben. Wir selber sind die letzten, die sie verwandeln. Wir halten uns für den Spiegel und ahnen nur selten, wie sehr der andere seinerseits eben der Spiegel unsres erstarrten Menschenbildes ist, unser Erzeugnis, unser Opfer –. TB1, S. 29

Ich habe ein Tonbandgerät gekauft, um eure Gespräche aufzunehmen, Gespräche ohne mich. Das ist hinterlistig, ich weiß. Ich schäme mich auch jedesmal, wenn ich einen solchen braunen Bändel, besprochen in meiner Abwesenheit, in diese teuflische Maschine einschlaufe mit zittrigen Fingern –
Wozu?
Wie die Gespräche meiner Freunde weitergehen ohne mich, manchmal glaube ich es mir vorstellen zu können, dann wieder gar nicht. Reden sie jetzt, da ich

gegangen bin, noch immer über die Geschichte der Päpste? Oder worüber? Vor allem aber: wie reden sie jetzt? Anders als zuvor? Genau so? Ernsthafter oder spaßiger? Ich weiß nicht, wieso ich das wissen möchte. Es gibt Leute, denen ich zutraue, daß sie nach meinem Austritt genau so weiterreden wie zuvor, und sie haben für mich, offengestanden, etwas Langweiliges, fast etwas Unmenschliches. Freilich kann ich mich täuschen. Daß jemand, wenn Burri sich verabschiedet hat, genau so weiterredet, heißt noch nicht, daß er genau so weiterredet, wenn ich gegangen bin. Gewisse Leute verlocken zum Verrat, andere nicht. Was heißt schon Verrat! Ich meine nicht, daß die andern, kaum allein, über meine Person reden, und wenn sie's tun, nun also; was meine Neugierde reizt, ist etwas andres. Ob Burri beispielsweise, allein mit Lila, nicht auch noch ein ganz anderes Gesicht hat? Indem ich Gespräche erfinde, die ohne mich stattfinden, laufe ich Gefahr, Menschen zu fürchten oder zu achten oder zu lieben, je nachdem wie sie in meiner Einbildung reden, wenn ich nicht zugegen bin. Mein fast blindes Vertrauen beispielsweise zu Burri, nur weil er in meinen erfundenen Gesprächen nicht anders redet und nicht anders schweigt und nicht anders lacht als in meiner Gegenwart, geht so weit, daß ich es einfach nicht glaube, wenn ich auf Umwegen erfahre, was Burri neulich gesagt haben soll. Klatsch!

Ich will keinen Klatsch hören. Was dabei herauskommt: ich verdächtige nicht Burri, sondern nur die Leute, die mir sagen, was Burri neulich in meiner Abwesenheit gesagt haben soll. Vielleicht hat er's wirklich gesagt, aber nicht so, wie der Klatsch es weitergibt. Wörtlich, mag sein, aber nicht in diesem Ton. Ganz einfach: ich kann es mir nicht vorstellen, daß Burri mich um einer Pointe willen verkauft. Und genauso begründet oder unbegründet, nämlich ein Ergebnis meiner blinden Erfindung, die sich früher oder später um jeden Menschen bildet, ist mein jahrelanges Mißtrauen gegenüber andern, beispielsweise meine schmerzliche Befangenheit gegenüber Dolf, nur weil er, sobald er nicht in meiner Gegenwart, sondern in meiner Einbildung redet, plötzlich viel feiner und viel gescheiter redet, nicht nur wissensreicher, sobald er sein großes Wissen nicht unterschlagen muß vor meinem Unwissen, sondern auch reicher an Einfällen, witziger. Ich bin überzeugt, gewisse Menschen verbergen ihren Witz vor mir; ich nehme es ihnen nicht übel, ich bin nur immerzu erstaunt, daß sie in meiner Gegenwart nicht witzig werden, nicht sprühend von Einfällen, nicht heiter bis zum Übermut, nicht überlegen. Ich nehme an, daß sie sich dafür rächen; ich habe keine Beweise dafür. So einer ist Dolf. Denn in den Gesprächen, die ich auf dem Heimweg erfinde oder wenn ich im Bad liege,

in Gesprächen ohne mich ist dieser Dolf ein wahrer Ausbund von Humor, ein Verschwender von Wissen, das er vor mir stets verhehlt. Wie kommt das? Oft gehe ich nur darum nicht in eine Gesellschaft, weil ich dabei sein werde, und wenn ich mich noch so still verhielte; es ist, sobald ich dabei bin, nicht die Gesellschaft, die mich interessiert, sondern eine Gesellschaft von Larven, die ich verschulde –
Daher das Tonband!
Hastig, während ich mich gelassen schäme, hantieren meine zittrigen Finger an der Spule, ich schäme mich wirklich jedesmal, wenn ich die Maschine einschalte, aber ich schreite nicht gegen mich ein. Den ersten Meter schneide ich immer weg, aber auf einigen Bändern erwische ich trotzdem die eigene Stimme noch, ihre halblaute Lüge: Ich geh Zigaretten holen! was ich dann auch tue, nachdem ich die Höllenmaschine, versteckt hinter Büchern, in Betrieb gesetzt habe. Mein Gelübde, von diesen Bändern nie Gebrauch zu machen, ist billig. Das Tonband läßt sich löschen, nicht das Gedächtnis. Was erwarte ich eigentlich? Meistens verstehe ich nicht viel, da alle durcheinander reden, ein Wirrwarr von Stimmen, ich rauche dazu. Ich wundere mich, daß Ihr einander versteht. Gelächter! Es geht nicht aus dem Text hervor, was euch so belustigt. Ebenso unverständlich ist ein plötzliches Schweigen. Plötzlich ist es, als wä-

re das Tonband gerissen. Aber es läuft. Grabesstille. Ich habe keine Ahnung, was jetzt los ist. Grabesstille noch immer. Habt Ihr bemerkt, daß eine Maschine verborgen ist, ein Ohr, ein Gedächtnis? Jetzt eine Stimme, halblaut, eine Dame: Dienstbotenfragen. Ich rauche, wartend auf die dunkle Stimme von Dolf, auf seinen Humor, der nicht kommt, und langsam bin ich enttäuscht; ich könnte genau so gut dabeisitzen. Und Lila? Nur Lila tönt anders, so daß ich den Atem anhalte. Aber auch sie sagt nichts, was ich nicht ohne weiteres hören dürfte, und meidet die selben Namen, wie wenn ich zugegen bin. Immerhin: sie tönt anders. Freier. Sie lacht anders und mehr, wenn jemand geistreich ist, lauter. Hat sie, wenn ich zugegen bin, Angst, daß ich ihr Lachen auf mich beziehe? Sie ist unwiderstehlicher, glaube ich, wenn ich nicht im Zimmer sitze. Mädchenhafter. Das ist aber verständlich. Dann tönt sie wie damals, als ich sie kennengelernt habe, lang ist's her. Genau so; dabei ist das Band, das ich abhöre, heute aufgenommen worden. Sie wagt Scherze, die auch mich entzücken würden, und es kommt vor, daß ich, obschon in der mißlichen Lage eines Abhörers, lachen muß. Ihr redet jetzt über Politik. Einmal, als ich kaum zugehört habe, fällt mein Name. Soll ich abstellen? Zu spät: jemand hat mich schon gelobt. Wofür, das habe ich nicht verstanden. Ich könnte ja die Maschine zurückschalten, um es zu hören, tue es aber nicht. Vielleicht habt Ihr meinen Keller gelobt, da jetzt ein Gespräch über Weine folgt, Lila fragt nebenher, wo ich denn hingegangen sei. Darüber geht mir die Pfeife aus. Das Tonband ist jetzt bis zur Hälfte abgespielt. Ihr laßt euch Zeit, scheint es, Ihr wartet das Ende meiner Spule ab, um dann wirklich zu reden, larvenlos. Ihr sucht jetzt den Korkenzieher, höre ich und kann nicht helfen; der Korkenzieher war in der Küche. Dolf findet es schade, daß ich nicht in die Politik gehe, ausgesprochen schade. Wieso? Seine Behauptung, daß er mir dazu geraten habe, stimmt keineswegs, mindestens kann ich mich nicht daran erinnern, auch nicht an den brillanten (auf dem Tonband sehr erfolgreichen) Ausspruch über Sozialdemokratie heute, den ich gemacht haben soll. Warum schmückt er mich mit seinen eignen Federn? Darauf verstummt er, als könnte der Urheber seines brillanten Ausspruchs jederzeit ins Zimmer treten, und Lila ist unterdessen in die Küche gegangen, scheint es, um den Korkenzieher zu holen. Ich höre, daß sie jetzt nicht im Zimmer ist. Ich höre es wie ein Blinder; sie schweigt nicht wie alle andern, sie ist nicht da. Unsere Gäste unter sich. Vielleicht höre ich es an der leichten Veränderung des Tons. Ihr redet jetzt über einen Fellini-Film, alle, es tönt froher als zuvor, lebhafter, zugleich befangen, da Ihr jetzt unter euch seid, frei von der Pflicht zu re-

den über die vermeintlichen Belange der Gastgeber, Stimmengewirr, es ist, als hätte man vorher nicht über Fellini sprechen dürfen. Um nicht in Klatsch zu verfallen über die Gastgeber, scheut Ihr jetzt jegliche Pause. Jemand ruft: Lila, was machen Sie denn? Und wie ein Echo der gleichen Stimme: Was macht sie denn? Ein Glück, daß alle diesen Fellini-Film gesehen haben, ein Glück vor allem, daß man sich uneinig ist. Das Katholische bei Fellini –
Ende der Spule.
Ich zünde meine Pfeife wieder an.
Das war alles.
Verrat (wenn man es einmal so nennen will) hat nicht stattgefunden, ich lösche die Spule, die mich nur eines gelehrt hat: Ich lechze nach Verrat. Ich möchte wissen, daß ich bin. Was mich nicht verrät, verfällt dem Verdacht, daß es nur in meiner Einbildung lebt, und ich möchte aus meiner Einbildung heraus, ich möchte in der Welt sein. Ich möchte im Innersten verraten sein. Das ist merkwürdig. (Beim Lesen der Jesus-Geschichte hatte ich oft das Gefühl, daß es dem Jesus, wenn er beim Abendmahl vom kommenden Verrat spricht, nicht nur daran gelegen ist, den Verräter zu beschämen, sondern daß er einen seiner Jünger zum Verrat bestellt, um in der Welt zu sein, um seine Wirklichkeit in der Welt zu bezeugen …)
Also ich rauche meine Pfeife.

Beruhigt?
Das Tonbandgerät erweist sich als Versager. Zwar höre ich eure Gespräche, aber ich sehe nicht den Verrat, der in den Mienen liegen muß, und wenn ich sie filmen würde, eure Mienen in meiner Abwesenheit, auch der Film würde vollkommen versagen. Der Verrat ist etwas sehr Feines, scheint es, er läßt sich weder sehen noch hören, wenn nicht der Wahn ihn vergrößert. Gantenbein, S. 1116-1119

Was nochmals den Alten Mann betrifft, irgendwo habe ich gelesen von dem verrückten Greis in Venedig, der mit Zeitgenossen nicht mehr redete; tagelang hockte er an seinem hohen Fenster reglos; die weisse Mähne knapp über dem Fenstersims: Ezra Pound, nein, er ist nicht ausgestopft, ab und zu bewegt er den Kopf wie ein Vogel, der späht. Und plötzlich hörte man ihn grölen mit heiserer Stimme: DISORDER! Und wenn jemand auf der kleinen Piazza unten sich umdrehte: DISORDER, DISORDER! Und dann verstummte er wieder für den Rest des Tages –
Hoffentlich gröle ich nie!
– bloss weil ich aufgehört habe zu schreiben.
Müde, ja.
Was ich sonst tue?
Was Voltaire prophezeit hat:

– »*Man endet notwendigerweise damit, seinen Garten zu bestellen; alles übrige, mit Ausnahme der Freundschaft, hat wenig Bedeutung, ja, auch seinen Garten zu hegen hat wenig Bedeutung.*«
Da habe ich vier Wörter unterstrichen:
mit-Ausnahme-der-Freundschaft.
Ja.
Mit Ausnahme der Freundschaft! Aufruf, S. 20f.

Es gibt viele Menschen, denen ich näher, dem Verständnis nach sehr viel näher stehe als diesem Mann; er kommt als Freund nicht in Frage. Er hat denn auch seine eigenen Freunde, die mir vollkommen fremd sein werden, und es würde auch ihm, denke ich, nicht einfallen, mich zu seinen Freunden zu zählen. Und doch, in der Tat, ist er der einzige Mensch, bei dem es mir nichts ausmacht, wenn er mich, im Sinn eben einer klaren Sache, mit dem verschollenen Stiller verwechselt, also im Grunde mißversteht. Was heißt denn Verstehen! Freunde müssen einander verstehen, um Freunde zu bleiben; Brüder sind immer Brüder. Warum bin ich nie sein Bruder gewesen? Die heutige Begegnung hat mich doch sehr verwirrt. Wie stehe ich in dieser Welt? Stiller, S. 628

Mein lieber Werner!
Dein verzweifelter Brief hat mich tief bestürzt. Daß ich Dir lange nicht antwortete, vielleicht war der Dienst auch daran schuld, der uns ja kaum einmal allein läßt, oder es ist einfach die Ohnmacht, daß ich Dir wenig zu sagen habe. Auch da, wo ich manchmal herzlich gerne raten möchte, habe ich den Verdacht, am Ende rate ich mir selber, nicht den andern, und ich rate aus einer Verwechslung unsrer beiden Lager, indem ich mich an die paar Dinge klammere, die meinem Verständnis ähnlich scheinen.

Brief an Werner Coninx, 25. Juli 1943

Es ist unsere eigene Einsamkeit, die uns letztlich immer das gleiche Gesicht zeigt, unser Gesicht, das endgültig ist, und über dieses Du hinaus kommen wir nie. Es ist nur so, daß manchmal ein Mensch in dieses Du hineinkommt, kürzer oder länger.

TB1, S. 138

Bevor der Alltag losgeht, führen sie ihre Hunde und Hündchen durch die Straßen, halten sich an der Leine, während die Tiere pinkeln oder scheißen. Eine Hundestunde morgens, eine Hundestunde abends. Man muß eben aufpassen, wo man hintritt. Sie hängen an ihren Hunden und Hündchen, das sieht man, sie haben ein Bedürfnis nach Liebe, die Menschen hier, sie lassen sich von Duftmarke zu Duftmarke ziehen und warten ohne Ungeduld, auch wenn's regnet. Nur gegen die rote Verkehrsampel lassen sie sich an der Leine nicht ziehen und wehren sich, bis die Ampel wieder grün ist. Eine verschissene Gegend. Einige haben mehr als nur einen Hund. Eine Gegend voll Bedürfnis nach Liebe. Montauk, S. 1534f.

Ich glaube fast, es fehlt euch allesamt ein wenig der liebe Gott, nichts weiter. Nirgends aufgehoben, sehnt jeder sich nach der sicheren Achtung von seiten der Menschen – so sehr, so dringlich und aufdringlich, daß er alles darüber vergißt, sogar seine natürliche und vorhandene Liebe zu ihnen, das, was ihn allein von seinem dürren Geiz befreite. Ehrgeiz ist ja auch nur ein Geiz, und nichts, da hast du recht, nichts macht uns so einsam voreinander wie unser Ehrgeiz. Es fehlt so ein Ding, das die Achtung wohl aller besäße, eine zweifellose und gemeinsame Achtung für jeden Fall. Dann erst könnten wir wie Männer und freie Geister, nämlich sachlich und liebend über die Dinge sprechen, sogar über die eignen … ich glaube wirklich, es fehlt uns nur am lieben Gott.

Bin, S. 633

»Daß die Selbstannahme mit dem Alter von selber komme, ist nicht wahr. Dem Älteren erscheinen die früheren Ziele zwar fragwürdiger, das Lächeln über unseren jugendlichen Ehrgeiz wird leichter, billiger, schmerzloser; doch ist damit noch keinerlei Selbstannahme geleistet. In gewisser Hinsicht wird es mit dem Alter sogar schwieriger. Immer mehr Leute, zu denen wir in Bewunderung emporschauen, sind jünger als wir, unsere Frist wird kürzer und kürzer, eine Resignation immer leichter in Anbetracht einer doch ehrenvollen Karriere, noch leichter für jene, die überhaupt keine Karriere machten und sich mit der Arglist der Umwelt trösten, sich abfinden können als verkannte Genies … Es braucht die höchste Lebenskraft, um sich selbst anzunehmen … In der Forderung, man solle seinen Nächsten lieben wie sich selbst, ist es als Selbstverständlichkeit enthalten, daß einer sich selbst liebe, sich selbst annimmt, so wie er erschaffen worden ist. Allein auch mit der Selbstannahme ist es noch nicht getan! Solange ich die Umwelt überzeugen will, daß ich niemand anders als ich selbst bin, habe ich notwendigerweise Angst vor Mißdeutung, bleibe ihr Gefangener kraft dieser Angst … Ohne die Gewißheit von einer absoluten Instanz außerhalb menschlicher Deutung, ohne die Gewißheit, daß es eine absolute Realität gibt, kann ich mir freilich nicht denken«, sagt mein

Staatsanwalt, »daß wir je dahin gelangen können, frei zu sein.« Stiller, S. 622f.

Marion hat einen Hund, das ist wichtig, das ist ein Geschöpf, das nicht anders tut, als es ist. Ein kleiner Hund, der im Zickzack über die Straße schnuppert; plötzlich wirbelt er ab, die Gosse entlang … und Marion wartet … Eines Tages wird auch dieser Hund ihn enttäuschen. Noch würde Marion es nicht glauben, wenn man es ihm sagte. Es ist ein Hundchen ohne Rasse, ohne Zucht, ohne Anstand und Adel, vor allem aber ohne jeden Anspruch auf all das, und eben darum hat Marion ihn genommen; ein Köter ohne Stammbaum, ein bräunlicher Knäuel, der immer wieder fast überfahren wird. Wie soll ein solcher Hund ihn enttäuschen können? Aber es liegt nicht am Hund, wenn es dazu kommt; es liegt an Marion, und es wird dazu kommen. TB1, S. 16

Die Nachricht, daß Konrad Farner in Zürich gestorben ist, lese ich im Lift, ohne deswegen mein Stockwerk zu versäumen. Es ist Konrad Farner viel erspart geblieben. Es mehren sich die Toten als Freundeskreis. Montauk, S. 1537

Lieber Zuck!
Ich habe mich gestern gedrückt – weil es mir nicht so gefallen hat, dass ich hätte gratulieren können; unter Freunden könnte man ein Gesicht machen; so wie wir zueinander stehen, müssen wirs auf die Aufrichtigkeit ankommen lassen. [...] Soviel in Eile; wir werden uns sehen, und Du wirst Gelegenheit haben, mich zurecht zu weisen –
In Herzlichkeit
Dein Frisch

Brief an Carl Zuckmayer, 5. Mai 1949

Wir selber nannten uns nicht Kameraden. Eine Bezeichnung, die unsere Offiziere brauchten: Sie führen jetzt Ihre Kameraden / Sie sind verantwortlich für Ihre Kameraden / dann schauen Sie, daß Ihnen ein Kamerad hilft / das sollte unter Kameraden nicht vorkommen usw. Einige befreundeten sich. Ein Wachtmeister war Assistent für Astronomie an der Universität Bern, ein Kanonier war Chemiker in Emmenbrücke, ein anderer unterrichtete am Gymnasium, Philologe. Möglichkeiten des Gesprächs, während man Schuhe putzte oder Waffen reinigte oder Wolldecken stapelte. Wir waren froh um einander. Wenn man zusammen auf die Wache befohlen wurde, ein Glücksfall. Traf man sich später in Zivil, so war's merkwürdig: beiderseits kein Bedürfnis nach Erinnerungen an den gemeinsamen Dienst, eine gewisse Verlegenheit sogar; jeder hatte den andern gesehen, wie er den Gewehrgriff vorführte, wie er tausendmal die Hand an die Mütze riß, wie er mit übermenschlicher Stimme meldete: Kanonier Studer, abkommandiert zur Küche! und fünfzig Meter später: Kanonier Studer, abkommandiert zur Küche! Alles keine Schande; trotzdem rede ich lieber mit Leuten, die einen nicht dran erinnern.

DB, S. 65f.

Neulich (aber das ist auch schon vor Jahren gewesen) habe ich ihn in Zürich zufällig auf der Straße (Limmatquai) von weitem gesehen; ein schwerer Mann jetzt. Wir haben zusammen das Gymnasium in Zürich besucht. Ob er mich ebenfalls erkannt hat, keine Ahnung; er drehte sich nicht um, und ich war betroffen, daß ich ihm nicht sofort nachging, sondern einfach stehen blieb. Also sah ich ihn bloß noch von hinten. Ohne Hut. Seine breiten Schultern; er ist sehr groß, im Gedränge nicht zu verwechseln, und ich hatte ihn ja eben von vorne gesehen. Er hatte gradaus gestarrt, offensichtlich in Gedanken; jetzt blickte er hinunter auf den Asphalt, als habe er mich ebenfalls erkannt. Er weiß es und ich weiß es, was er für mich getan hat. Ich rief nicht einmal über die Straße, damit er sich umdrehe. Was soll W. mit meiner lebenslänglichen Dankesschuld? Und zudem weiß ich, daß ich alles in allem vor diesem Menschen nicht bestehen kann.

Er war ein herzlicher Freund, mein einziger Freund damals, denn neben W. war irgendein andrer kaum denkbar; er hätte vor W. nicht bestanden.

Überhaupt war er kritischer als ich, auch sich selbst gegenüber. Ich traf ihn oft in wirklicher Verzweiflung. Ein Mensch, der nichts und sich selbst schon gar nicht auf die leichte Schulter nehmen kann. Keine hysterische Verzweiflung; er schilderte klar und klug die Unlösbarkeit seines Problems. Was immer ich ihm dazu sagen konnte, zeigte ihm erst recht, wie einsam er ist.

Daß wir uns in jenen Jahren fast nur unter vier Augen trafen, nie in einer Gruppe, so daß ich den Freund einmal in einem andern Kräftespiel gesehen hätte, fiel mir damals nicht auf. Es lag nicht nur an ihm, der Geselligkeit scheute, sondern auch an mir. Ich litt nicht unter seiner Überlegenheit, solange wir unter vier Augen waren; sie war selbstverständlich. Ich fühlte mich beschenkt, wie gesagt, ich fühlte mich ausgezeichnet wie damals, als ich ihn von der Schule nach Hause begleiten durfte.

Was ohne W. aus mir geworden wäre, das ist schwer zu sagen. Vielleicht hätte ich mir mehr zugetraut, vermutlich zuviel. Vielleicht im nachhinein, aber erst im nachhinein fand ich, das eine und andere hätte ich mir nicht gefallen lassen dürfen. Ich habe W. nie gehaßt deswegen; es war mein Fehler.

Zu einem Krach kam es nie. In jenen Jahren hatte W., wenn ich nicht irre, kaum andere Freunde, keine gleichaltrigen; […]

Es wurde schwierig, als ich wieder mit meiner Schriftstellerei anfing, als diese veröffentlicht oder im Theater aufgeführt wurde, obschon ich wußte, was W. davon halten mochte. Wir trafen uns infolgedessen nur noch selten, dann ohne davon zu sprechen. Ich las auch mehr und mehr, was W. nicht las, und konnte ihn von nichts überzeugen; mein Interesse für gewisse Autoren machte ihn eher skeptisch gegen solche Autoren, zum Beispiel gegen Brecht, oder wenn sich herausstellte, daß wir denselben Autor bewunderten, Strindberg zum Beispiel oder Gide, so redete W. ungern darüber; er hatte sie für sich entdeckt und für sich bewahrt. Der Umstand, daß ich die

Architektur aufgegeben hatte, machte mich in seinen Augen natürlich nicht zum Schriftsteller, und so redeten wir, wie gesagt, nie über meine Schriftstellerei, überhaupt immer weniger über Literatur. W. hatte einen andern Zugang zur Literatur. Ich begriff, daß W. meine Bücher nicht lesen konnte. Er hatte ein anderes Maß, dem sie nicht gewachsen sein konnten.

Überhaupt hatte ich meinem Freund wenig zu sagen. Es kam vor, daß ich ihm mit Kritik begegnete, und was geschah: W. hörte sie sich an, aber meine Kritik erwies sich als gewichtlos, verglichen mit der Kritik, die W. sich selber gegenüber hatte. Von Dünkel keine Spur. Im Gegenteil. Er erkannte sich als einen Geschlagenen. Und ich erkannte, wie sehr er mich schonte; die Ansprüche, denen kaum ein Mensch genügt, richtete W. einzig und allein an sich selbst, nicht an mich.

Heute noch kenne ich seine Telefon-Nummer auswendig, und es sind mindestens fünfzehn Jahre her, seit ich sie zuletzt auf der Wählscheibe eingestellt habe. Auch ist es nie oder fast nie vorgekommen, daß ich nicht daran gedacht hätte: Heute hat W. ja Geburtstag. Ich schickte noch ein Telegramm zu seinem fünfzigsten Geburtstag, von Rom aus. Wann er mir gleichgültig wurde, weiß ich nicht genau.

Die Summe, die mir seinerzeit ein Studium ermöglicht hat, habe ich nie zurückerstattet; es hätte ihn verletzen müssen, denke ich, es hätte seine Generosität sozusagen annulliert. Als ich W. neulich in Zürich erkannt habe, bin ich betroffen gewesen: Bewußtsein von Dankbarkeit, kein Gefühl. Ich habe ihm auch nicht geschrieben, daß ich ihn auf der Straße erkannt habe. Heute interessiert es mich nicht einmal mehr, was W. über unsere lange Geschichte denkt. Das vor allem macht mich betroffen. Ich meine, daß die Freundschaft mit W. für mich ein fundamentales Unheil gewesen ist und daß W. nichts dafür kann. Hätte ich mich ihm weniger unterworfen, es wäre ergiebiger gewesen, auch für ihn.

Montauk, S. 1542-1553

Können Sie einen Menschen lieben, der früher oder später, weil er Sie zu kennen meint, wenig Hoffnung auf Sie setzt? TB2, S. 1310

Patsch, der Hund, hat es leichter mit dem Warten; er wartet nicht, er ist ein Hund mit gespitzten Ohren, schnuppert umher, Gegenwart von der Schnauze bis zum Schwanz, ein Hund ohne Zeit, ein Hund immerzu, stellt sich vor eine Windhündin, die viel zu groß

ist, die er vergißt, sobald sein Herr ihn an die vorschriftsmäßige Leine schnallt, vergißt und streckt sich auf den Boden, ohne sich zu langweilen.
Ein Hund hat's gut. Gantenbein, S. 1153

Am Abend bei Freunden.
Überall Menschen, die einander auf Anhieb verstehen, überall wenige; die Unterschiede, wenn man sie nicht leugnet, haben ihren eigenen Segen. Warum gelingen die meisten Freundschaften in der Fremde?

TB1, S. 169

Wie immer, wenn einer den Mut hatte zu offener Selbstsucht, kam der andere mit seiner verdammten Moral. Stiller, S. 496

Viel zum Lachen, wie immer, wenn Friedrich Dürrenmatt das thematische Menü bestimmt … Neulich gab es Dschingis-Khan, frisch von der Lektüre, üppig garniert mit chinesischen Dynastien, Historie gespickt mit Flunkern, auf Witz gegrillt. Heute gab es DER NACKTE AFFE, ebenfalls köstlich zubereitet: Mensch am Spieß der Zoologie, geröstet auf Fakten (Blutdruck beim Coitus: 200) und gespickt mit Spekulationen aus seinem eignen Garten. Kommt man mit thematischen Wünschen, so ist es schade; es ist immer am köstlichsten, was der Koch sich selber wählt. Unlängst im Spital zu Bern gab es Proust, eingelegt in schlaflosen Essig, dann mit frischem Gedächtnis serviert und am Krankenbett flambiert mit Witz. Das war Vier-Stern! So etwas kann man nicht nochmals bestellen, um auch seine Frau in den Genuß zu bringen; heute gibt es keinen Proust, nicht einmal kalt. Heute also Berner Platte: DER NACKTE AFFE, verkocht mit Ulk über Ärzte, Innereien aus Konolfingen, schmackhaft durch Dramaturgie, dazu Kalbskopf aus der einschlägigen Literatur-Kritik, gepfeffert mit Zitat. Dazu Veltliner. Nachher gibt er mir das Taschenbuch, dem er seine Kenntnisse verdankt. Ich werde mich hüten das Taschenbuch zu lesen. Erstens ist es immer besser, was er draus gemacht hat, und zweitens fasziniert ihn nicht mehr, was auch der andere kennt. Neulich kam das Gespräch auf einen Godard-Film, den er nicht gesehen hat; er wechselte auf einen andern Film, den er gesehen hat, und als sich zeigte, daß wir den betreffenden Film ebenfalls kennen, unterbrach er das Gespräch: jetzt schilderte er einen japanischen Film, den außer ihm niemand gesehen hat. Er braucht den Vorsprung, dann wird es großartig und gemütlich. Früher war es jahrelang die Astronomie, ich war jedesmal fasziniert von seinen Darstellungen. Ein dikkes Buch, das er mir gab, nahm ich nach Korsika ins Zelt als einzige Lektüre für drei Wochen, und als ich ihn das nächste Mal besuchte, wußte ich wenigstens das Einmaleins, meinte besser gerüstet zu sein für die Gespräche über Astronomie; er sagte: Was interessant ist, weißt du, das ist die Biochemie. Er braucht meine Unkenntnisse, und an solchen fehlt es nicht. Mein Interesse an Astronomie hat sich trotzdem erhalten, seines natürlich auch; nur unterhalten wir uns kaum noch darüber. Komme ich zur Super-Nova, so ist er längst bei den Pulsaren. Einmal in Neuenburg gab es sich, daß Teo Otto, der Bühnenbildner, sich ausgiebig für Architektur interessierte; Friedrich Dürrenmatt hörte zwar lange zu, aber es machte ihn trübsinnig; er schlug vor, daß wir Boccia spielen. Er gewann über alle Maße. Am andern Tag, als er wieder ein Boccia vorgeschlagen hatte, schien er weniger Glück zu haben, und die Partie kam nicht zu Ende, er hatte jetzt Lust auf einen Apéritif, viel zu sagen über Dramaturgie. Er bleibt der Gebende. Auch neulich in Bern, im Spital, gab es einen sehr alten LATOUR-Bordeaux; die Krankenschwester entkorkte für den Besucher, der wie sie den Spital-Ernst wahrte, während Friedrich Dürrenmatt lachte. Zum Beispiel über das Versagen eines Arztes; ohne Beschwerde, er erzählt es ganz als Komödie. Das ist mehr als Humor.

Wir kennen uns über zwanzig Jahre. Es stimmt nicht, daß er nicht zuhören könne. Als der Wirt in Schuls sich an unsern Tisch setzt und einiges zu melden hat (wie die Bündner etwa einen Aga Khan ausnehmen) und dann allerdings nur noch quatscht, ist Friedrich Dürrenmatt ein Herkules im Zuhören; es kommt auf den Partner an. TB2, S. 1368f.

Wer sich selbst nur immerzu als Opfer sieht, meine ich, kommt sich selbst nie auf die Schliche, und das ist nicht gesund. Stiller, S. 466

Die Gefahr, die in der Freundschaft liegt; Freundschaft als Übereinkunft, daß man sich kenne.
Auch sie, die Freundschaft, ist nicht der gewährleistete Genuß einer einmaligen Eroberung, sondern der Auftrag zum steten Erobern ...

Die Schemen unsrer Freundschaften, der jahrelange Umgang mit solchen, die es gewesen sind, - das Aufrechterhalten eines erschöpften Zustandes ...

Jugendfreunde!
Der Segen und der Fluch, Freunde zu haben: in ihren Bildern zu leben, nicht seine Möglichkeiten

auszuleben, oder auch: über seine Verhältnisse zu leben mit den Anspruch ihrer Hoffnungen, ihrer Überschätzungen, die man nicht verlieren mag.

Notiz (Juni 1945)

Sein Verstummen, wenn man es einmal so nennen will, war ja in der Tat ein wesentlicher, vielleicht sogar der entscheidende Schritt zu seiner inneren Befreiung, die wir nicht allein an unserem Freund zu erkennen vermochten, sondern deutlicher noch an seinen Nächsten, an einer kaum merklichen und eigentlich langsamen, jedoch wirklichen Verwandlung unseres Verhältnisses zu ihm. Es wurde möglich, sein Freund zu sein; Stiller war frei geworden von der Sucht, überzeugen zu wollen.

Stiller, S. 674

Freitag morgens, bevor ich zum Flughafen fahre, eine Stunde bei Peter. Die Nacht sei schlecht gewesen, sagt seine Tochter, er habe sich immer ankleiden und weggehen wollen. Peter sitzt im Morgenrock und zündet sich wieder und wieder eine Zigarette an, die er dann vergisst. Seine frühere Ehefrau ist auch da. Wo aber bleibt die Tochter? Er wollte doch, dass sie Zigaretten hole. Er hört jeden Schritt draussen im Treppenhaus. Er macht Sätze nicht fertig, steht

wieder auf, um einen Aschenbecher zu suchen oder Mineralwasser; beides steht auf dem Tisch vor ihm. Und dann wird es Zeit, dass ich aufstehe; die kurze Umarmung, wo er sitzen bleibt und beide wissen: vielleicht sehen wir einander nochmals, wahrscheinlich nicht. DU WEISCH, sage ich, DASS ICH DICH GERN HAN, er sagt: ICH DANK DIR FÜR DIE ZYT. Als ich die Wohnung verlasse, ist er nicht allein. Er stirbt Stunden nach Mitternacht, und dort wo die Nachricht mich einholt, ist es noch nicht Mitternacht.
8. 10. 1982 TB3, S. 118

Daß ein Mensch, den wir überleben, unersetzbar bleibt, beruht weniger auf der nennbaren Leistung, die er hinterläßt, als auf dem Geheimnis, das er mit sich nimmt, und das Geheimnis läßt sich nicht rühmen.
Wir begegneten uns 1947.
Als ich Suhrkamp zu seinem letzten Geburtstag besuchte, wußte er, daß er das Krankenhaus diesmal nicht eigenmächtig verlassen würde. Noch hoffte er aber, daß er es verlassen und sich in den Schwarzwald zurückziehen dürfte, wenigstens zeitweise; er wollte leben. Er freute sich über jeden Besuch in jenen Ostertagen. Es ist schön, sagte er zu jedem, sich noch einmal zu sehen. Ich blieb drei Tage; unser Abschied

aber fand in den ersten fünf Minuten statt. Dabei kam es zu einer Geste von meiner Seite, die mich mehr überraschte als ihn; Suhrkamp nahm sie an, es blieb bei unserem Sie, das wir vor Jahren als endgültig beschlossen hatten, einem Sie, das kostbar war in seiner Richtigkeit und offen aller Herzlichkeit, sogar Zärtlichkeit, richtig für die persönliche Anteilnahme, die nie in Anbiederung überging.

[…]

Ich wußte, daß ich ihn jetzt, hier in diesem Sessel neben dem offenen Fenster, zum letzten Mal sehen würde. Wir machten es kurz, kein Händeschütteln, eine lasse Berührung der Hand nur, Suhrkamp nickte sein Jaja, um Eile bittend, und als ich in der Türe stand, als hätte ich noch etwas vergessen, winkte er mit der rechten Hand nicht anders als so manches Mal auf den Bahnhöfen von Frankfurt oder Zürich. Er war sehr schön.

[…]

Ich habe Peter Suhrkamp geliebt. PS, S. 246 - 250

Einmal mehr spüre ich etwas Unheimliches, eine Mechanik in den menschlichen Beziehungen, die, Bekanntschaft oder gar Freundschaft genannt, alles Lebendige sofort verunmöglicht, alles Gegenwärtige ausschließt. Stiller, S. 556

Wie befreundet bin ich mit Peter Noll? Kennengelernt haben wir einander bei Friedrich Dürrenmatt vor fünfundzwanzig Jahren. Sein Stück habe ich damals gelesen: DIE TROMPETEN VON JERICHO, aber vielleicht nicht verstanden. Meine Angst vor Religiosität! Und später haben wir uns getroffen: als Sozialdemokraten, ja, einsatzbereit beide: nur weiss er, als gelernter Jurist, allerlei mehr. Ein protestantischer Liberaler; nur hat sich die Schweiz, die offizielle, als Szenerie inzwischen so verschoben, dass einer, der die Bergpredigt ernstnimmt, als Linker auftreten muss. So traten wir denn zusammen auf. Nie ohne eine gewisse Ironie, betreffend die Vereinfachung, zu der jede politische Aktion uns zwingt; nicht ohne Brüderlichkeit in Melancholie, wenn öffentliche Dinge verschissen sind, die Pressefreiheit, der Strafrechtsvollzug in der Schweiz usw. Ich habe ihn, weder in der öffentlichen noch in der privaten Szene, nie fanatisch gesehen. Die Schärfe seiner christlichen Argumentation gegen die Todesstrafe (im Fernsehen) ist so gelassen, dass er, dem es dabei sehr ernst ist, fast heiter wirkt; Dummheit hat ihn nie entwaffnet, aber auch nie in Wut versetzt. Was ich (ohne persönliche Verstricktheit) nie verdaut habe: seine tollpatschigen Offerten an Frauen –
Ich rede schon wie von einem Verstorbenen.

TB3, S. 114

Ob ich Peter Noll jetzt vermisse? Vielleicht wenn ich das nächste Mal in Zürich bin und die Spiegelgasse sehe. Warum nicht hier? Weil er hier nie gewesen ist? Aber die Frage stellt sich überhaupt nicht so. Wenn ich, wie in diesem Augenblick, an ihn denke: was denke ich? Jetzt sind schon drei Wochen vergangen seit seinem Sterben. Bewege ich mich weg oder bewegt er sich weg? Und wie lang reichen unsere Erinnerungen aus, um den Toten an die Vergangenheit zu binden? Die verständliche Erfindung des Grabsteines: dort liegst du, besuche uns nicht in der Gegenwart, bleibe dort! – irgendwann besuchen wir dich, ab und zu denken wir an dich … TB3, S. 120

Ich bin seit langem wieder einmal in den Bergen; ich denke mit inniger Freude an unsere paar brüderlichen Jahre (sie waren nicht so zahlreich, weil acht Jahre ein grosser Altersunterschied sind für zwei Buben), vor allem an unsere Wanderungen im Wallis, ich sehe Dich da als einen lieben Bruder-Kameraden ich glaube, schöner und selbstverständlicher habe ich »Familie« nie erlebt als mit Dir.

Brief an den Bruder Franz, 6. August 1953

Nur wo einer selbst einmal geweint hat und sich selber zugibt, daß er geweint hat, erblüht so ein gutes, in seinem Wissen sehr präzises und durchaus nicht verschwommenes, aber unschnödes Lächeln.

Stiller, S. 509

Horwitz empfinde ich immer noch als eine wahre Wohltat; das Verbindende einer gemeinsamen Arbeit – auch unter den Schauspielern empfinde ich mich zurzeit in einer Art von Freundschaft, wie nirgends sonst.

Notiz (1. April 1945)

… und im übrigen muß ich Dir gestehen, daß ich die meisten Deiner Sätze nicht verstehe – ehrlich! – wie ich auch fürchte, daß Du meine nicht verstehst, da wir teilweise ganz andere Wörter haben.
Was soll man da machen?
Wir werden uns, so wir uns Gottes unerforschlichem Ratschlag, der uns zu Freunden machte, nicht schnöde entziehen, noch reichlich aneinander ärgern müssen, aber Gott wird schon wissen, warum er uns nicht einfach Tennis spielen und Cervelat essen läßt –
In Demut herzlich Dein
Max

Brief an Gottfried Honegger, 29. Mai 1952

Gäbe es eine Instanz, die eine Liste der Dankbarkeiten binnen einer Woche verlangt, so würde ich ferner auf die Liste setzen:
[...]
g.
die Begegnung mit Peter Suhrkamp
h.
die Begegnung mit Brecht
[...]
s.
Freundschaft mit Kollegen TB2, S. 1370f.

Heute zum Beispiel vermisse ich Peter Noll.
TB3, S. 139

Unsere Gänge entlang der Seine:
Gottfried Honegger,
der meine Nöte sich anhört ...
Unsere Gänge an der unteren Themse:
Uwe Johnson,
der meine Nöte sich anhört ...
u. a.
Wie ich Freunde verbrauche!
Andere verbrauchen mich ... TB3, S. 61

Freunde! – jetzt kommen sie bereits rudelweise, heute nicht weniger als fünf, und zwar gleichzeitig. Alle finden mich unverändert, beinahe unverändert, und duzen mich. Und daß ich dann kein Wort sage, hindert sie nicht im mindesten, mich zu kennen, ach ja, es geht doch nichts über eine alte Freundschaft. Einer von ihnen, ein Schauspieler, läßt meine Hand überhaupt nicht mehr los. Innerlichkeit in den Augen, und noch wenn er verstummt ist, trieft er von tiefem Verständnis für Stiller; durch einen Händedruck, durch eine weitere Verstärkung des Druckes und ein nochmaliges Schütteln meiner gequetschten Hand, die er mit seinen beiden Händen umklammert, lasse ich mir sagen, was unaussprechlich ist. Meinerseits sage ich nur: Nehmen Sie doch Platz, meine Herren! Und einer von ihnen, merke ich mit der Zeit, hält sich für meinen Gönner, weil er den verschollenen Stiller nicht wegen der jahrelang ausbleibenden Miete verklagt hat, was sein gutes Recht wäre; meine Verlegenheit, scheint es, genügt ihm als Ausdruck des Dankes. Überhaupt sind es liebenswerte Menschen, wennschon sie bei diesem Besuch, einmal versammelt, wie es unter natürlichen Umständen wohl nicht vorkommt, etwas von einer Krematoriums-Gesellschaft haben; außer ihrer Verbundenheit mit dem verschollenen Stiller, einer Verbundenheit so unterschiedlichen Ursprungs, haben sie eigentlich nichts Gemeinsames untereinander. Ein jeder hat von den andern gehört, mag sein, damals durch Stiller, der nun in empfindlicher Weise fehlt. Man müßte sich natürlich unter vier Augen kennenlernen. Einer von ihnen, merke ich mit der Zeit, ist inzwischen Professor geworden, ein feiner Kopf, der mit dem verschollenen Stiller, einem so vagen Geist und Temperament voll wirrer Radikalismen, oft genug seine liebe Mühe gehabt haben mag. Es ist ein Akt der Treue, daß er gekommen ist, dieser junge Professor, der natürlich andere Freunde hat als Stiller. Seine Vorsichtigkeit, die zärtliche Schonung, womit er mich behandelt, läßt erahnen, wie empfindlich der verschollene Stiller gewesen sein mag, und in der Tat, auch ich fühle mich als der Unterlegene, fühle das Ausmaß meiner Unkenntnis, verfalle in eine Art ängstlicher Hochachtung und damit in einen Ton, der ihn unweigerlich an den verschollenen Freund erinnern muß. Er will diesen Ton oder dieses Schweigen ängstlicher Hochachtung nicht; aber er ist daran gewöhnt, scheint es, und je befremdender mein Verhalten, um so sicherer wird er in mir den verschollenen Stiller erkennen, der ihn oft genug befremdet hat und dem er trotz allem, wohl mehr aus einem Bedürfnis nach Fairneß als nach Freundschaft, die mit Stiller nie fruchtbar wird, die Treue hält. Warum macht es mich traurig? Es wären wirklich lauter Männer, die man als Freunde haben möchte. Warum ist es nicht möglich? Übrigens sind sie durchaus uneinig, wer Stiller gewesen ist; dennoch tun sie so, als hielten sie mich für eine und dieselbe Person. Ein lebensfroher Graphiker schildert bereits das Fest, das nach meiner Haftentlassung stattfinden soll, und der fünfte, Schriftsetzer von Beruf, scheint ein Kommunist zu sein, der alle vier anderen als fertige Reaktionäre betrachtet und sie mir übelnimmt, nach seinem Blick zu schließen; vor allem verargt er mir die freundschaftlichen Töne von dem Hauseigentümer, der uns den dornröschenhaften Zustand von Stillers verlassenem Atelier schildert, und zuweilen, während sie so reden, überlege ich im Ernst, was für ein Mensch ich sein müßte, um den Erinnerungen und Erwartungen dieser fünf Besucher auch nur in großen Zügen zu entsprechen, etwas wie ein fünfköpfiges Wesen, glaube ich, wobei jeder von ihnen meine vier anderen Köpfe als unecht, als überflüssig abhauen würde, um den wahren Stiller hervorzustellen. Der Schauspieler, merke ich, ist Katholik geworden und blickt nicht ohne Achtung, nicht ohne Verständnis auf den Schriftsetzer herab, den Kommunisten, dessen Ansichten er unschwer errät, erinnern sie ihn doch an die ersten Denk-Abenteuer seiner eignen Jugend. Außer dem Kommunisten ist offenbar keiner stehengeblieben.

Der junge Professor versichert mir, daß er zwar die Klassik nach wie vor über alles stelle, anderseits die moderne Kunst nicht mehr ausschließlich als Zerfall betrachte, und der Graphiker, offenbar durch beträchtlichen Erfolg bekehrt, hat jeglichen Kultur-Pessimismus überwunden, verweist auf den hohen Stand der schweizerischen Graphik und braucht seinerseits, offen gesprochen, weder Kommunismus noch Katholizismus, um seine Aufgabe in dieser Welt zu sehen. Der Hauseigentümer hinwiederum, Antiquar von Beruf, hält es mehr denn je mit der Tradition, je lokaler, um so besser, kein Wort gegen die Europäische Verteidigungsgemeinschaft, aber gerade darum ist es die verantwortungsvolle Aufgabe des Antiquars, den Sinn für die Unterschiede zu pflegen, beispielsweise für den Unterschied zwischen Basler und Zürcher, denn was sollen Europas brüderliche Heere verteidigen, wenn nicht eben dieses Vorrecht, daß wir uns auf kürzeste Entfernung unterscheiden? Es sind, wie gesagt, lauter liebenswerte Männer. Nachher frage ich mich, warum ich mich nicht wirklich als ihren Freund empfinde. Ich habe sie beleidigt, ohne etwas zu sagen. Meine Zelle wird einsamer nach jedem Besuch. Stiller, S. 629-631

Gestern vormittag im Odeon höre ich, wie jemand am Nebentisch meinen Namen sagt, viel Genaues höre ich nicht, sehe aber, daß der Mann, der mich persönlich nicht kennt, mit dem Namen einen deutlichen Haß verbindet, nicht nur Geringschätzung, sondern Haß. Soll ich mich vorstellen? Ich tue es nicht, zahle, nehme den Mantel und gehe. Man haßt sich selber nicht selten. Dennoch, zeigt sich, bin ich betroffen, wenn ich diesen Haß an einem andern sehe, einem Fremden. Dabei ist es ganz erklärlich; wenn man selber gewisse Leute haßt, keinen Hehl macht aus seinem Haß, kann das Echo nicht ausbleiben. Trotz dieser Erklärung ist es mir unmöglich, wieder an die Arbeit zu gehen. Das Selbstgefällige, das in solcher Verblüffung liegt, ist mir bewußt. Am Nachmittag ins Kino. Kein geschriebener Satz ist möglich. Nicht einmal ein Gedanke, ohne daß ich das Mißdeutbare sehe; aber mehr als das: es braucht gar keine Mißdeutung, um hassenswert zu sein. Der Mann, ohne daß ich seine genauen Worte gehört habe, hat recht. Es gibt kein Argument gegen einen Haß. Dabei wird mir fast zum erstenmal bewußt, daß man immer, wenn man schreibt, eine Sympathie voraussetzt. Vielleicht geht es ohne diese Voraussetzung überhaupt nicht, aber es ist gut, um diese Voraussetzung zu wissen, und man müßte froh sein um einen solchen Schock, ein solches Signal –. TB1, S. 210

Nachmittag im Grunewald. Sammle Kieferzapfen und schleudere sie, soweit ich vermag, hinaus in die Krumme Lanke, und Patsch, unser Hund, springt in das bräunliche stille blasige Wasser. Ich sehe den schwimmenden Kieferzapfen, er aber nicht, blind vor Eifer, paddelnd. Ich werfe einen zweiten. Zeige mit ausgestrecktem Arm, damit er nicht ins Leere schwimmt, und jetzt schnappt er, dreht. Zwei Ohren und eine Schnauze mit dem Kieferzapfen, zwei Augen über Wasser … Zwei Augen über Wasser, während seine vier Beine unsichtbar strampeln, das ist Patsch, kein ausgebildeter Blindenhund; ich muß ihn erst dazu erziehen, und natürlich ist das nur möglich, wenn weit und breit kein Mensch ist, beispielsweise vormittags im Grunewald, während Lila im Theater probt. Viel Arbeit dort und hier. Die Szene, wie Patsch das schwarze Stöcklein seines blinden Herrn findet, geht noch immer nicht. Ob er zu dumm ist oder zu klug? Jetzt kommt er an Land, unsern Kiefernzapfen in der Schnauze. Und dann pirscht er durchs Ufergebüsch, wedelnd, keuchend, da steht er vor dem Kieferzapfen im Sand, schüttelt sich einen kurzen Regenschauer aus dem Fell. Brav, Patsch, brav! Noch ist es nicht soweit, daß ich mit meinem Hund ganze Gespräche führe. Im Weitergehen – kein Mensch ist weit und breit! – benutze ich meinen schwarzen Blindenstock, um eine Art Baseball zu spielen mit Kieferzapfen.

So: Kieferzapfen in die linke Hand, Blindenstock in die rechte, jetzt werfe ich den Zapfen in die Luft – schlage mit dem Blindenstock … Sieben Treffer auf zehn Schläge, immerhin, und Patsch rennt durch den märkischen Sand, um den Treffer zu suchen. Ein entspannendes Spiel. Ich brauche das von Zeit zu Zeit. Ein Katholik hat die Beichte, um sich von seinem Geheimnis zu erholen, eine großartige Einrichtung; er kniet und bricht sein Schweigen, ohne sich den Menschen auszuliefern, und nachher erhebt er sich, tritt wieder seine Rolle unter den Menschen an, erlöst von dem unseligen Verlangen, von Menschen erkannt zu werden. Ich habe bloß meinen Hund, der schweigt wie ein Priester, und bei den ersten Menschenhäusern streichle ich ihn. Brav, Patsch, brav! Und wir nehmen einander wieder an die Leine. Schluß mit Kieferzapfenspiel! Patsch versteht, und nachdem ich das Taschenbuch (ich lese, um die Menschen an ihren Urteilen zu erkennen) in den ersten Papierkorb gesteckt habe, gehen wir wieder, wie es sich gehört, ein Blinder und sein Hund.

Gantenbein, S. 971f.

Noch ist es nicht so weit, daß Herr Geiser mit der Katze redet, wenn sie um die Hosenbeine streicht. Die letzten Sardinen hat sie schon bekommen, auch die letzte Milch aus einer Dose; schon diese paßte ihr nicht, und dann hockt sie mitten im Zimmer, wartet mit gekniffenen Augen. Offenbar hat sie im Gelände nichts gefunden, keinen Vogel, nicht einmal Eidechsen. Anchovis sind ihr zu salzig. Nimmt Herr Geiser sie am Nackenfell (was den Katzen nicht wehtut) und setzt sie in den Keller, damit sie vielleicht auf die Idee kommt, Mäuse zu suchen, so jault sie hinter der Kellertüre, bis Herr Geiser sie wieder herausläßt. Sofort streicht sie wieder um die Hosenbeine. Sie will es nicht fassen, daß es kein Fleisch mehr gibt.

Holozän, S. 1665

Was auffällt, wenn man draußen gewesen ist: das Verkrampfte unsrer Landsleute, das Unfreie unseres Umganges, ihre Gesichter voll Fleiß und Unlust; nicht auszuhalten, wenn sie von ihrem bescheidenen Wesen reden; in Wahrheit, sobald gewisse Hemmungen fallen, zeigt sich das Gegenteil; es fehlt nicht an gestautem Ehrgeiz, der auf Weltmeisterschaften lauert, und in besseren Kreisen sind es Pestalozzi, Gotthelf, Burckhardt, Keller und andere Verstorbene, die man sich ins Knopfloch steckt; man erschrickt oft über sich selber, über die fast krankhafte Empfindlichkeit, wenn ein andrer nicht begeistert ist von uns. Irgendwie fehlt uns das natürliche Selbstvertrauen. Immer wieder auffallend ist die Art, wie sie mit ihren einheimischen Künstlern umgehen, wie sie ihnen auf die Schulter klopfen bestenfalls mit dem Ton einer warnenden Anerkennung, eine Aufmunterung, eine wirkliche, eine Erwartung, die nicht unter Bedenken röchelt, kommt meistens von einem Ausländer; zum Glück hatten wir in der Zeit, da wir die Türen schließen mußten, wenigstens die Emigranten im Haus. Dabei wäre die nüchterne Zurückhaltung unsrer Landsleute, wenn sie stimmt, geradezu wunderbar; was sie fragwürdig macht, ist der bedenkenlose Kniefall vor allem Fremden. Der erwähnte Mangel an Selbstvertrauen, der sich so und so verrät, macht unsere Künstler nicht bescheiden, was jedenfalls ein Gewinn wäre; sondern unsere Landsleute, wenn wir auf sie angewiesen sind, machen uns nur kleinmütig, und die unvermeidliche Kehrseite davon ist das Anmaßende, also wiederum eine Verkrampfung. Anderseits hat es auch wieder seinen Segen, wenn man einem Volk angehört, das seine Künstler niemals durch Verwöhnung verdirbt, und zwar ohne jede Ironie: der deutsche und vielleicht abendländische Irrtum, daß wir Kultur haben, wenn wir Sinfonien haben, ist hierzulande kaum möglich; der Künstler nicht als Statthalter der Kultur; er ist nur ein Glied unter anderen; Kultur als eine Sache des ganzen Volkes; wir erkennen sie nicht allein auf dem Bücherschrank und am Flügel, sondern ebensosehr in der Art, wie man seine Untergebenen behandelt. Sofern man Kultur in diesem Sinne meint, der mir der zukünftige scheint, müßten wir in keiner Weise erschrecken, wenn sie uns gelegentlich einen Anachronismus nennen; ich meine weniger die Verwirklichung, sondern die Idee der Schweiz, die ich vor allem liebe, und wenn ich noch einmal aus freien Stücken wählen könnte, was die Geburt schon entschieden hat, möchte ich trotzdem nichts anderes als ein Schweizer sein; nach der Idee, die unsere eigentliche Heimat ist, sind es natürlich auch einzelne Landschaften, die man liebt, aber erst in zweiter Linie; am wenigsten weiß ich, ob ich unsere Landsleute liebe – sicher nicht mehr als die entsprechenden Gesichter aus anderen Völkern, und es erschiene mir nicht einmal als Ziel, im Gegenteil; Liebe zum Vaterland, so verstanden, wird zum Verrat an der Heimat; unsere Heimat ist der Mensch; ihm vor allem gehört unsere Treue; daß sich Vaterland und Menschheit nicht ausschließen, darin besteht ja das große Glück, Sohn eines kleinen Landes zu sein.

TB1, S. 133f.

Die weitaus meisten Menschenleben werden durch Selbstüberforderung vernichtet [...] Unser

Bewußtsein hat sich im Laufe einiger Jahrhunderte sehr verändert, unser Gefühlsleben sehr viel weniger. Daher eine Diskrepanz zwischen unserem intellektuellen und unserem emotionellen Niveau. Die meisten von uns haben so ein Paket mit fleischfarbenem Stoff, nämlich Gefühle, die sie von ihrem intellektuellen Niveau aus nicht wahrhaben wollen. Es gibt zwei Auswege, die zu nichts führen; wir töten unsere primitiven und also unwürdigen Gefühle ab, soweit als möglich, auf die Gefahr hin, daß dadurch das Gefühlsleben überhaupt abgetötet wird, oder wir geben unseren unwürdigen Gefühlen einfach einen anderen Namen. Wir lügen sie um. Wir etikettieren sie nach dem Wunsch unseres Bewußtseins. Je wendiger unser Bewußtsein, je belesener, um so zahlreicher und um so nobler unsere Hintertüren, um so geistvoller die Selbstbelügung! Man kann sich ein Leben lang damit unterhalten, und zwar vortrefflich, nur kommt man damit nicht zum Leben, sondern unweigerlich in die Selbstentfremdung. Beispielsweise können wir uns den Mangel an Mut, einmal in die Knie zu gehen, unschwer als gute Haltung auslegen, die Angst vor Selbstverwirklichung unschwer als Selbstlosigkeit und so fort. Die meisten von uns wissen nur allzu gut, was sie in dieser oder jener Situation empfinden sollten, beziehungsweise nicht empfinden dürften, und haben selbst bei gutem Willen bereits die allergrößte Mühe herauszufinden, welcher Art ihre tatsächlich vorhandenen Gefühle sind. Das ist ein übler Zustand. Sarkasmus allem Gefühl gegenüber ist das klassische Symptom dafür ... Zur Selbstüberforderung gehört unweigerlich eine falsche Art von schlechtem Gewissen. Einer nimmt es sich übel, kein Genie zu sein, ein anderer nimmt es sich übel, trotz guter Erziehung kein Heiliger zu sein, und Stiller nahm es sich übel, kein Spanienkämpfer zu sein ... Es ist merkwürdig, was sich uns, sobald wir in der Selbstüberforderung und damit in der Selbstentfremdung sind, nicht alles als Gewissen anbietet. Die innere Stimme, die berühmte, ist oft genug nur die kokette Stimme eines Pseudo-Ich, das nicht duldet, daß ich es endlich aufgebe, daß ich mich selbst erkenne, und es mit allen Listen der Eitelkeit, nötigenfalls sogar mit Falschmeldungen aus dem Himmel versucht, mich an meine tödliche Selbstüberforderung zu fesseln. Wir sehen wohl unsere Niederlage, aber begreifen sie nicht als Signale, als Konsequenzen eines verkehrten Strebens, eines Strebens weg von unserem Selbst. Merkwürdigerweise ist ja die Richtung unserer Eitelkeit nicht, wie es zu sein scheint, eine Richtung auf unser Selbst hin, sondern weg von unserem Selbst.

Stiller, S. 621f.

Fragwürdig wie alles, was wir treiben, ist auch die Selbstkritik. Ihre Wonne besteht darin, daß ich mich scheinbar über meine Mängel erhebe, indem ich sie ausspreche und ihnen dadurch das Entsetzliche nehme, das zur Veränderung zwingen würde – das Entsetzliche, das mich doch jedesmal wieder einholt, wenn ein andrer sie ausspricht. TB1, S. 313

Wenn ein Schriftsteller soviel schreibt, ich weiß, nur seine Feinde werden sich darüber freuen! Denn ihrer, obschon man niemand kränken möchte, werden mehr u. mehr; die Freunde aber, die uns ihre Hoffnung liehen, werden enttäuscht von jedem Schritt, den wir tun, und dennoch, ich habe es versucht, kann man nicht stehen bleiben. Herrgott im Himmel, was können wir denn für die Hoffnung unserer Freunde? Ein Freund hat mir vor einem Jahr geschrieben: Sei still! … wir flehen Dich allen Ernstes an, sei still! Es ist nicht leicht, einen Freund zu warnen; es braucht viel Mut, u. glücklich über einen solchen Freund ging ich hin; wir tranken einen Wein u. ich schwor ihm, seinen Rat zu achten, seine Hoffnung zu schonen. Oh, unsere Schwüre!

Notiz (Januar 1947)

Tägliche Erfahrung im kleinen: Dein Anstand ist die beste und billigste Waffe deiner Feinde! Du hast dir versprochen, nicht zu lügen – zum Beispiel – und das ist schön von dir, splendid, wenn du es dir leisten kannst; es ist närrisch, wenn du dir einbilden würdest, daß du damit ohne weiteres der Wahrheit dienst. Du dienst deiner Anständigkeit. TB1, S. 196

Wenn du plötzlich ganz unsicher bist, so, daß du kein Wort möchtest sagen müssen, möchtest in eine Bar gehen, nehmen, was da ist ohne ein Wort, eine Note geben, damit sie X abziehen, alles ohne ein Wort – aber die Bar, der Teufel will es, ist nicht zu finden, heute nicht. Was denn? sagt die innere Stimme, warum fasten, mein Freund, warum sparen? Morgen vielleicht wird marschiert, und es reut dich, jeder Fisch à la meunière, den du nicht gegessen hast. Also hinein! Und natürlich ist es ein Restaurant, wie es reizender nicht sein könnte, aber jetzt nicht hätte sein dürfen. Dazu, sage ich mir, hast du seit einer Stunde gesucht und gespäht, um hier zu sitzen: Spiegel an allen Wänden, und wo ich hinschaue: moi-même. Das reicht für einen leichten Verfolgungswahn, ich überlasse mich der dreisten Macht der Kellner, meine einzige Waffe ist ein Wein, ein weißer, der sie und die Spiegel und den Krieg und alles in lächerliche Ferne entrückt; es bleibt meine Sole à la meunière – und das Parfüm auf meiner linken Hand … Notiz (1950)

Er ist ein Moralist wie fast alle Leute, die sich selbst nicht annehmen. Stiller, S. 564

Überzeugt Sie Ihre Selbstkritik? TB2, S. 1166

Ich sehe jetzt ihren verschollenen Stiller schon ziemlich genau: – er ist wohl sehr feminin. Er hat das Gefühl, keinen Willen zu besitzen, und besitzt in einem gewissen Sinn viel zuviel, nämlich so wie er ihn einsetzt; er will nicht er selbst sein. Seine Persönlichkeit ist vage; daher ein Hang zu Radikalismen. Seine Intelligenz ist durchschnittlich, aber keineswegs geschult; er verläßt sich lieber auf Einfälle und vernachlässigt die Intelligenz; denn Intelligenz stellt vor Entscheidungen. Zuweilen macht er sich Vorwürfe, feige zu sein, dann fällt er Entscheidungen, die später nicht zu halten sind. Er ist ein Moralist wie fast alle Leute, die sich selbst nicht annehmen. Manchmal stellt er sich in unnötige Gefahren oder mitten in eine Todesgefahr, um sich zu zeigen, daß er ein Kämpfer sei. Er hat viel Phantasie. Er leidet an der klassischen Minderwertigkeitsangst aus übertriebener Anforderung an sich selbst, und sein Grundgefühl, etwas schuldig zu bleiben, hält er für seine Tiefe, mag sein, sogar für Religiosität. Er ist ein angenehmer Mensch, hat Charme und streitet nicht. Wenn es mit Charme nicht zu machen ist, zieht er sich zurück in seine Schwermut. Er möchte wahrhaftig sein. Das unstillbare Verlangen, wahrhaftig zu sein, kommt auch bei ihm aus einer besonderen Art von Verlogenheit; man ist dann mitunter wahrhaftig bis zum Exhibitionismus, um einen einzigen Punkt, den wunden, übergehen zu können mit dem Bewußtsein, besonders wahrhaftig zu sein, wahrhaftiger als andere Leute. Er weiß nicht, wo genau dieser Punkt liegt, dieses schwarze Loch, das dann immer wieder da ist, und hat Angst, auch wenn es nicht da ist. Er lebt stets in Erwartungen. Er liebt es, alles in der Schwebe zu lassen. Er gehört zu den Menschen, denen überall, wo sie sich befinden, zwanghaft einfällt, wie schön es jetzt auch anderswo sein möchte. Er flieht das Hier-und-Jetzt zumindest innerlich. Er mag den Sommer nicht, überhaupt keinen Zustand der Gegenwärtigkeit, liebt den Herbst, die Dämmerung, die Melancholie, Vergänglichkeit ist sein Element. Frauen haben bei ihm leicht das Gefühl, verstanden zu werden. Er hat wenig Freunde unter Männern. Unter Männern kommt er sich nicht als Mann vor. Aber in seiner Grundangst, nicht zu genügen, hat er eigentlich auch Angst vor den Frauen. Er erobert mehr, als er zu halten vermag, und wenn die Partnerin einmal seine Grenze erspürt hat, verliert er jeden Mut; er ist nicht bereit, nicht imstande, geliebt zu werden als der Mensch, der er ist, und daher vernachlässigt er unwillkürlich jede Frau, die ihn wahrhaft liebt, denn nähme er ihre Liebe wirklich ernst, so wäre er ja genötigt, infolgedessen sich selbst anzunehmen – davon ist er weit entfernt!

Stiller, S. 564f.

Warum so viel Erkenntnis, die meistens in der Welt ist, meistens unfruchtbar bleibt: vielleicht weil sie sich selber genügt und selten auch noch die Kraft hat, sich auf den andern zu beziehen –
Die Kraft: die Liebe.
Der Weise, der wirklich Höfliche, ist stets ein Liebender. Er liebt den Menschen, den er erkennen will, damit er ihn rette, und nicht seine Erkenntnis als solche. Man spürt es schon am Ton. Er wendet sich nicht an die Sterne, wenn er spricht, sondern an die Menschen. Man denke an die chinesischen Meister.

Nicht der Kluge, nur der Weise hilft.

TB1, S. 50

FRAGEBOGEN

1.
Halten Sie sich für einen guten Freund?

2.
Was empfinden Sie als Verrat:
a. wenn der andere es tut?
b. wenn Sie es tun?

3.
Wie viele Freunde haben Sie zur Zeit?

4.
Halten Sie die Dauer einer Freundschaft (Unverbrüchlichkeit) für ein Wertmaß der Freundschaft?

5.
Was würden Sie einem Freund nicht verzeihen:
a. Doppelzüngigkeit?
b. daß er Ihnen eine Frau ausspannt?
c. daß er Ihrer sicher ist?
d. Ironie auch Ihnen gegenüber?
e. daß er keine Kritik verträgt?
f. daß er Personen, mit denen Sie sich verfeindet haben, durchaus schätzt und gerne mit ihnen verkehrt?

g. daß Sie keinen Einfluß auf ihn haben?

6.
Möchten Sie ohne Freunde auskommen können?

7.
Halten Sie sich einen Hund als Freund?

8.
Ist es schon vorgekommen, daß Sie überhaupt gar keine Freundschaft hatten, oder setzen Sie dann Ihre diesbezüglichen Ansprüche einfach herab?

9.
Kennen Sie Freundschaft mit Frauen:
a. vor Geschlechtsverkehr?
b. nach Geschlechtsverkehr?
c. ohne Geschlechtsverkehr?

10.
Was fürchten Sie mehr: das Urteil von einem Freund oder das Urteil von Feinden?

11.
Warum?

12.
Gibt es Feinde, die Sie insgeheim zu Freunden machen möchten, um sie müheloser verehren zu können?

13.
Wenn jemand in der Lage ist, Ihnen mit Geld zu helfen, oder wenn Sie in der Lage sind, jemand mit Geld zu helfen: sehen Sie darin eine Gefährdung der bisherigen Freundschaft?

14.
Halten Sie die Natur für einen Freund?

15.
Wenn Sie auf Umwegen erfahren, daß ein böser Witz über Sie ausgerechnet von einem Freund ausgegangen ist: kündigen Sie daraufhin die Freundschaft? Und wenn ja:

16.
Wieviel Aufrichtigkeit von einem Freund ertragen Sie in Gesellschaft oder schriftlich oder unter vier Augen?

17.
Gesetzt den Fall, Sie haben einen Freund, der Ihnen

in intellektueller Hinsicht sehr überlegen ist: tröstet Sie seine Freundschaft darüber hinweg oder zweifeln Sie insgeheim an einer Freundschaft, die Sie sich allein durch Bewunderung, Treue, Hilfsbereitschaft usw. erwerben?

18.
Worauf sind Sie aus dem natürlichen Bedürfnis nach Freundschaft öfter hereingefallen:
a. auf Schmeichelei?
b. auf Landsmannschaft in der Fremde?
c. auf die Einsicht, daß Sie sich eine Feindschaft in diesem Fall gar nicht leisten können, z. B. weil dadurch Ihre berufliche Karriere gefährdet wäre?
d. auf Ihren eigenen Charme?
e. weil es Ihnen schmeichelt, wenn Sie jemand, der gerade Ansehen genießt, öffentlich als Freund bezeichnen können (mit Vornamen)?
f. auf ideologisches Einverständnis?

19.
Wie reden Sie über verlorene Freunde?

20.
Wenn es dahin kommt, daß Freundschaft zu etwas verpflichtet, was eigentlich Ihrem Gewissen widerspricht, und Sie haben es um der Freundschaft wil-

len getan: hat sich die betreffende Freundschaft dadurch erhalten?

21.
Gibt es Freundschaft ohne Affinität im Humor?

22.
Was halten Sie ferner für unerläßlich, damit Sie eine Beziehung zwischen zwei Personen nicht bloß als Interessen-Gemeinschaft, sondern als Freundschaft empfinden:

a. Wohlgefallen am andern Gesicht
b. daß man sich unter vier Augen einmal gehenlassen kann, d.h. das Vertrauen, daß nicht alles ausgeplaudert wird
c. politisches Einverständnis grosso modo
d. daß einer den andern in den Zustand der Hoffnung versetzen kann nur schon dadurch, daß er da ist, daß er anruft, daß er schreibt
e. Nachsicht
f. Mut zum offenen Widerspruch, aber mit Fühlern dafür, wieviel Aufrichtigkeit der andere gerade noch verkraften kann, und also Geduld
g. Ausfall von Prestige-Fragen
h. daß man dem andern ebenfalls Geheimnisse zubilligt, also nicht verletzt ist, wenn etwas auskommt, wovon er nie gesprochen hat

i. Verwandtschaft in der Scham
k. wenn man sich zufällig trifft: Freude, obschon man eigentlich gar keine Zeit hat, als erster Reflex beiderseits
l. daß man für den andern hoffen kann
m. die Gewähr, daß der eine wie der andere, wenn eine üble Nachrede über den andern im Umlauf ist, zumindest Belege verlangt, bevor er zustimmt
n. Treffpunkte in der Begeisterung
o. Erinnerungen, die man gemeinsam hat und die wertloser wären, wenn man sie nicht gemeinsam hätte
p. Dankbarkeit
q. daß der eine den andern gelegentlich im Unrecht sehen kann, aber deswegen nicht richterlich wird
r. Ausfall jeder Art von Geiz
s. daß man einander nicht festlegt auf Meinungen, die einmal zur Einigkeit führten, d.h. daß keiner von beiden sich ein neues Bewußtsein versagen muß aus Rücksicht? (Unzutreffendes streichen.)

23.
Wie groß kann dabei der Altersunterschied sein?

24.
Wenn eine langjährige Freundschaft sich verflüchtigt, z. B. weil die neue Gefährtin eines Freundes nicht zu

integrieren ist: bedauern Sie dann, daß Freundschaft einmal bestanden hat?

25.
Sind Sie sich selber ein Freund?

FB, S. 55-61

Quellenverzeichnis

Die Zitate in diesem Buch sind den im folgenden genannten Ausgaben entnommen.

Von Max Frisch:

Aufruf	Der Aufruf zur Hoffnung ist heute ein Aufruf zum Widerstand, St. Gallen, 1991.
Bin	Bin oder die Reise nach Peking. In: Gesammelte Werke in zeitlicher Folge. Frankfurt am Main 1995, S. 601-658.
DB	Dienstbüchlein. Frankfurt am Main, 1974.
FB	Fragebogen. Frankfurt am Main, 1992.
Gantenbein	Mein Name sei Gantenbein. In: Romane, Erzählungen, Tagebücher. Mit einem Nachwort von Volker Hage. Frankfurt am Main, 2008, S. 891-1162.
Holozän	Der Mensch erscheint im Holozän. In: Romane, Erzählungen, Tagebücher. Mit einem Nachwort von Volker Hage. Frankfurt am Main, 2008, S. 1645-1732.
JA	Journalistische Arbeiten 1931-1939. Hg. von Carsten Niemann unter Mitwirkung von Walter Obschlager. Hannover, 2001.
Montauk	Montauk. Eine Erzählung. In: Romane, Erzählungen, Tagebücher. Mit einem Nachwort von Volker Hage. Frankfurt am Main, 2008, S. 1527-1643.
Stiller	Stiller. In: Romane, Erzählungen, Tagebücher. Mit einem Nachwort von Volker Hage. Frankfurt am Main, 2008, S. 359-717.
TB1	Tagebuch 1946-1949. In: Romane, Erzählungen, Tagebücher. Mit einem Nachwort von Volker Hage. Frankfurt am Main, 2008, S. 7-358.

TB2	Tagebuch 1966-1971. In: Romane, Erzählungen, Tagebücher. Mit einem Nachwort von Volker Hage. Frankfurt am Main, 2008, S. 1163-1526.
TB3	Entwürfe zu einem dritten Tagebuch. Herausgegeben und mit einem Nachwort von Peter von Matt. Berlin, 2010.

Andere:

PS	Peter Suhrkamp. Zur Biographie eines Verlegers in Daten, Dokumenten und Bildern. Vorgelegt von Siegfried Unseld unter Mitwirkung von Helene Ritzerfeld. Frankfurt am Main, 1991.

Die Hefte mit den zitierten Notizen sowie die Briefe an Werner Coninx, Franz Frisch, Gottfried Honegger und Carl Zuckmayer befinden sich im Max Frisch-Archiv in Zürich.

Max Frisch
im Suhrkamp und im Insel Verlag
Eine Auswahl

Andorra. Stück in zwölf Bildern. BS 101 und st 277. 144 Seiten

Andorra. Stück in zwölf Bildern. Text und Kommentar. Kommentar von Peter Michalzik. SBB 8. 176 Seiten

Antwort aus der Stille. Eine Erzählung aus den Bergen. 171 Seiten. Gebunden.

Biedermann und die Brandstifter. Ein Lehrstück ohne Lehre. Mit einem Nachspiel. BS 1075. 88 Seiten. st 2545. 96 Seiten. es 41. 84 Seiten

Biedermann und die Brandstifter. Ein Lehrstück ohne Lehre. Text und Kommentar. Kommentar von Heribert Kuhn. SBB 24. 144 Seiten

Bin oder Die Reise nach Peking. BS 8. 136 Seiten

Biografie: Ein Spiel.
BS 225. 118 Seiten. Neue Fassung 1984. BS 873. 192 Seiten

Blaubart. Eine Erzählung. BS 882. 172 Seiten. st 2194. 172 Seiten

Die chinesische Mauer. Eine Farce. es 65. 112 Seiten

Dienstbüchlein. st 205. 161 Seiten

Don Juan oder Die Liebe zur Geometrie. Eine Komödie in fünf Akten. es 4. 112 Seiten

NF 662/1/5.10

Entwürfe zu einem dritten Tagebuch. 213 Seiten. Gebunden

Erzählungen. Zusammengestellt von Peter von Matt. st 3658. 272 Seiten

Forderungen des Tages. Porträts, Skizzen, Reden 1943-1982. Herausgegeben von Walter Schmitz. st 957. 399 Seiten

Fragebogen. BS 1095. 104 Seiten. st 2952. 96 Seiten

Homo faber. Ein Bericht. BS 87. 216 Seiten. st 354. 208 Seiten. st 2740. Romane des Jahrhunderts. 240 Seiten. st 3984. Großdruck. 339 Seiten

Homo faber. Ein Bericht. Text und Kommentar. Kommentar von Walter Schmitz. SBB 3. 304 Seiten

Mein Name sei Gantenbein. Roman. st 286. 304 Seiten. st 2879. Romane des Jahrhunderts. 336 Seiten

Der Mensch erscheint im Holozän. Eine Erzählung. st 734. 160 Seiten. st 3214. 148 Seiten

Montauk. Eine Erzählung. BS 581. 210 Seiten. st 700. 224 Seiten

Romane, Erzählungen, Tagebücher. Quarto. 1.782 Seiten

Stich-Worte. Ausgesucht von Uwe Johnson. st 2728. 254 Seiten

Stiller. Roman. 580 Seiten. Gebunden. st 105. 448 Seiten. st 2647. 432 Seiten

Tagebuch 1946-1949. 1966-1971. Zwei Bände. 1114 Seiten. Gebunden

NF 662/2/5.10

Tagebuch 1946-1949. st 1148. 415 Seiten

Tagebuch 1966-1971. 404 Seiten. BS 1015. st 256. 448 Seiten

Triptychon. Drei szenische Bilder. 114 Seiten. st 2261. 140 Seiten

Wilhelm Tell für die Schule. Mit alten Illustrationen. st 2. 112 Seiten

Briefwechsel

Max Frisch/Uwe Johnson. Der Briefwechsel. 1964-1983. Herausgegeben von Eberhard Fahlke. 431 Seiten. Gebunden. st 3235. 440 Seiten

»Im übrigen bin ich immer völlig allein«. Briefwechsel mit der Mutter 1933. Berichte von der Eishockeyweltmeisterschaft in Prag. Reisefeuilletons. Herausgegeben von Walter Obschlager. Mit Illustrationen. 328 Seiten. Gebunden

Zu Max Frisch

»Jetzt ist Sehenszeit«. Briefe, Notate, Dokumente 1943-1963. Herausgegeben und mit einem Nachwort versehen von Julian Schütt. Mit Abbildungen. 243 Seiten. Broschur

jetzt: max frisch. Mit zahlreichen Fotos, Dokumenten, Zeichnungen. Herausgegeben von Luis Bolliger, Walter Obschlager und Julian Schütt. st 3234. 348 Seite

NF 662/3/5.10